国术
健身

刘艳君　牛爱军 ○ 编著

易筋经

人民邮电出版社

北京

图书在版编目（CIP）数据

易筋经 / 刘艳君，牛爱军编著. -- 北京 : 人民邮
电出版社，2024. -- （国术健身）. -- ISBN 978-7-115-
64673-6

Ⅰ．G852.6

中国国家版本馆 CIP 数据核字第 2024QD3641 号

免 责 声 明

本书内容旨在为大众提供有用的信息。所有材料（包括文本、图形和图像）仅供参考，不能替代医疗诊断、建议、治疗或来自专业人士的意见。所有读者在需要医疗或其他专业协助时，均应向专业的医疗保健机构或医生进行咨询。作者和出版商都已尽可能确保本书技术上的准确性以及合理性，并特别声明，不会承担由于使用本出版物中的材料而遭受的任何损伤所直接或间接产生的与个人或团体相关的一切责任、损失或风险。

内 容 提 要

本书从"什么是易筋经""为什么练易筋经"和"怎么练易筋经"三个角度出发，对易筋经的起源、发展和特点进行了介绍，对易筋经的健身作用进行了解析，对易筋经的基本功与功法套路的练习方法进行了讲解。

在功法套路的讲解部分，本书不仅通过真人连拍图对动作步骤进行了展示，而且对练习的基本要求、功理作用、呼吸方式和易犯错误进行了讲解。此外，本书免费提供了易筋经的在线学练视频，旨在帮助读者降低学习难度，提升练习效果。无论是易筋经的学习者，还是教授者，都可从本书受益。

- ◆ 编　著　刘艳君　牛爱军
　　责任编辑　王若璇
　　责任印制　彭志环
- ◆ 人民邮电出版社出版发行　　北京市丰台区成寿寺路 11 号
　　邮编　100164　电子邮件　315@ptpress.com.cn
　　网址　https://www.ptpress.com.cn
　　北京天宇星印刷厂印刷
- ◆ 开本：700×1000　1/16
　　印张：6　　　　　　　　　　2024 年 9 月第 1 版
　　字数：64 千字　　　　　　　2025 年 10 月北京第 6 次印刷

定价：29.80 元

读者服务热线：**(010)81055296**　印装质量热线：**(010)81055316**
反盗版热线：**(010)81055315**

壹·源
什么是易筋经

贰·因
为什么练易筋经

叁·法
怎么练易筋经

壹

源

什么是易筋经

易筋经的起源

易筋经是宝贵的民族文化遗产，是我国古代的养生学说与强身健体的锻炼方法的结合。易筋经旨在通过有意识地调整姿势、锻炼呼吸、运用意念，加强人体内部的活动，调整人体内部的机能，从而起到防病、治病、延年、益寿的作用。

易筋经属于"导引术"。战国时期，庄子用文字描述了人们锻炼身体的行为："吹呴呼吸，吐故纳新，熊经鸟申，为寿而已矣。此导引之士，养形之人，彭祖寿考者之所好也。"这是历史上第一次出现"导引"一词，而"导引"的目的是身体康健、延年益寿。

此外，成书于春秋战国时期的《黄帝内经》也提到了"导引"一词。在这部经典的中医著作中，"导引"被记录、描述为一种重要的治疗方法。在《黄帝内经》中，有一篇叫作《异法方宜论》的文章，讲述了生活在不同地域的人们，因为饮食、气候等不同，容易患上不同类型的疾病，需要采取不同的治疗方法——砭石、毒药、灸焫、九针、导引、按蹻等。

因此，"导引"具有锻炼和治疗的双重功效，体现了中医"上工治未病"的指导思想。

本书所指的"易筋经"是以《易筋经》著作为理论指导的"易筋经十二式导引术"，是一套由十二个动作组成的传统养生体育功法。

根据目前的历史文献资料，明代就已经出现了《易筋经》著作。但明代和清代早期的《易筋经》版本记载的主要是练习内功和硬功的知识与方法、中医药内容等，并没有关于"易筋经十二式导引术"的描述。直至清代后期道光年间的《易筋经》版本中，才开始出现"易筋经十二式导引术"的图谱和文字表述。此后，很多养生健身的书籍记载了"易筋经十二式导引术"，使其得以迅速传播，影响日益广泛，特别是随着武侠小说的兴起，在众多文学作品、影视作品的渲染下，"易筋经"导引术逐步被大众熟知。此外，易筋经虽然动作简易，却内涵丰富，在动作名称中有"韦驮""杵"等用语，可见其受到了佛教文化的深刻影响。

各种版本的《易筋经》著作中都有两篇序言，其中一篇序言由李靖所写，另一篇序言由牛皋所写。其中，李靖是唐代的开国大将，牛皋是宋代著名将领岳飞手下的大将。李靖在序言中提到，《易筋经》由印度高僧禅宗初祖达摩用梵文所著，到了唐代才被由印度来华的高僧般刺密谛翻译过来，他还将其中修炼武功的诀窍传给了徐鸿客，徐鸿客传给了虬髯客，虬髯客又传给了李靖。牛皋在序言中提到，有一位高僧把《易筋经》里的武功传授给岳飞，岳飞传给了牛皋，牛皋再将它传给后人。因为这两篇序言，《易筋经》和佛教、少林寺产生了不可分割的联系。同时，"易筋经"也变成了中国功夫的一张闪亮名片。

易筋经的特点

练养相兼

养生又称摄生，目的是"治未病"。易筋经锻炼通过调养精神和形体，疏通经络、活跃气血、协调脏腑、平衡阴阳，起到锻炼真气、培育元气、扶植正气的作用，达到增强体质、提高免疫，保持健康、延年益寿的目的。

重视整体

整体观是易筋经的指导思想。"天地一体""五脏一体""天人相应"等理论认为：宇宙是一个整体，人体五脏也是一个整体；易筋经练习能够通过调身、调息、调心的综合锻炼，调整中枢神经系统，增强机体的抵抗能力和适应能力，改善整个机体功能。

在易筋经练习中，起落开合的动作和升降出入的气机可以相互配合。气机的升降出入运动具有维系、激发、协调、平衡人体各种生理功能的作用。气机的升降出入运动畅通无阻，机体则健旺，否则，气机失调，即气机的升降出入运动受阻，机体就会出现"气滞""气逆""气陷""气结""气郁""气闭"等状态。

内外合一

"内"指的是心、意、气等内在的情志活动和气息运动，"外"指的是手、眼、身、步等外在的形体活动。

易筋经练习要求"动中有静""心动形随""意发神传"，强调"精、气、神合一"，达到"心与意合、气与力合"，对外能利关节、强筋骨、壮体魄；对内能理脏腑、通经络、调精神，使身心得到全面发展。易筋经把人体生命活动中的"形"和"神"看作同源、同生、同存在、同灭亡的统一整体的两大要素，认为只有"形与神俱"，才能"尽终其天年"。主张"形神共养"，强调"性命双修"。"形神共养"，指养生实践中同时注重形体养护和心神调摄，既要使形体健康，又要使心神健旺，还要使形体与心神协调、均衡发展。所谓"性命双修"，性，一般指心性，即精神、意识、思维；命，指形体、生命。"命无性不灵，性无命不立""修身以立命，存心以养性"，"性命双修"指在养生实践中既要重视修性，又要重视修命，性与命要同步练养，相互促进，共同发展。

貳

因

为什么练易筋经

内练精气神，外练筋骨皮

动静相结合，阴阳两平衡

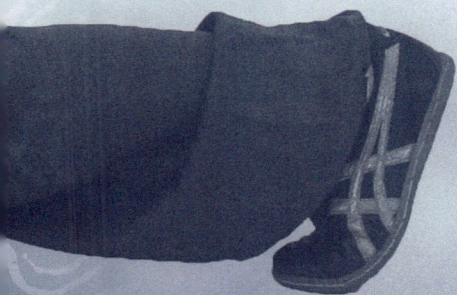

形松意不松，气敛神亦舒

内练精气神，外练筋骨皮

从外形表现来看，易筋经是由身体各部位所实施的肌肉活动，是在中枢神经系统的指挥下，由身体各组织、器官和系统相互配合共同完成的，因此，锻炼时必须内外合一、神形统一。内与外、神与形是相互联系、统一的整体，"内练精气神，外练筋骨皮"是易筋经锻炼的准则和目标，意味着需在技术上把内在的精气神与外部形体动作紧密结合，做到"心动形随""形断意连""势断气连"。

"神"是指人的思想意识活动，整个机体，从大脑到内脏，从五官七窍到经络、气血，以及肢体的活动，都会受其影响。《黄帝内经》指出"得神者昌，失神者亡"，可见"神"在人体生命活动中的重要性。

"形"是肢体的外在表现，是由"神"来支配的，所以只有神形统一，内外才能合一。

易筋经的动作注重开合、抻拉、拧转，具有动作幅度较大、细节较多的特点，在练习时要注意"以意领气"，从而达到调整身体机能、增强体质的目的。

形松意不松指从外部看来，习练易筋经时全身舒展，并无非常用力的感觉，可是在机体内部则通过呼吸运动使气血运行，不断地进行松弛和紧张的交替活动。习练易筋经时要体现形松意紧，强调"松"的重要性，松的程度越深，习练的效果越佳。

放松时，由各部位的肌肉放松，如肩、肘、手、胯、膝、足、胸腹等部位的放松，逐渐过渡到全身放松。所谓呼气时"吐如落雁"，就是比喻"松弛"之意。一般动作的放松下落和呼气相配合。松则血流畅通，不生倦乏，不乏体力，神态安稳，心境愉悦。

意守丹田是易筋经锻炼的重要原则之一，通过意守丹田，可以在练功中引导思想集中，使大脑得到充分休息，起到调整呼吸、固精健肾、强壮脏腑的作用，逐步达到"身动、心静、气敛、神舒"的效果。

意守的目的是"一念代万念"，古人云："地静不如身静，身静不如心静"，心静就是要内静。只有以自然为法、以舒适为度，才能消除心理上的紧张，达到形体上的充分放松。如果专心体验形体上的放松，就会促进思想上的静。静是松的基础，掌握好松的习练者，很容易静下来，静下来后，就更易体会到松。

因此，意识、呼吸、姿态、动作都要松静自然，切忌执着意守，蛮用拙劲。这样才能达到保精养神、气敛神舒的目的。

动静相结合，阴阳两平衡

中医认为，疾病的发生、发展、诊断、治疗等，都以阴阳学说为理论依据，即维持体内正常生理活动的基础是阴阳的动态平衡，阴阳平衡关系的破坏，就意味着疾病的发生。例如《黄帝内经》指出："阴胜则阳病，阳胜则阴病，阳胜则热，阴胜则寒。"易筋经锻炼的原则也寓于阴阳的变化之中。

动静结合，指习练时形式上动与静的紧密配合，强调在习练过程中要"动中有静，静中有动"。在易筋经的习练过程中，动对疏通经络、调和气血、滑润关节、强壮肢体有良好的功效，而静对平衡阴阳、调整脏腑、安定情绪等有独特的作用。

因此，只有动静两者结合，发挥其长处，弥补其不足，才可起到事半功倍的效果，使身体强健的人更加强壮，使身体虚弱的人逐渐恢复，不断增强体质。"动中有静，静中有动"是指习练时意念应集中于动作、穴位、经络、气息的运行上，排除一切杂念，达到相对的"静"，虽然形体处于相对安静状态，但必须体会到体内的运动，例如气血的流通、脏腑的活动等，即静中有动。

总之，动静结合、阴阳平衡是提高易筋经习练质量的关键因素，也是必须遵循的原则，在习练中既要体现这一原则，又要有意识地用这一原则来指导习练。

叁

法

怎么练易筋经

基本功练习

易筋经的呼吸方法以自然呼吸为主，还兼有腹式呼吸和发音呼吸。

自然呼吸 |

自然呼吸，即顺其自然地呼吸，指在呼吸过程中不施加任何干涉，自由地进行呼吸。在易筋经功法习练中，一般保持唇齿自然闭合，用鼻呼吸的自然呼吸方式。呼吸的快、慢、长、短，都依据个人的身体情况而定。

腹式呼吸 |

腹式呼吸中，可人为控制呼吸的深度和时间，通过膈肌和腹肌的运动，使腹部有规律地起伏，从而达到提升肺换气量和改善内脏功能的目的。

腹式呼吸分为顺腹式呼吸与逆腹式呼吸两种。

顺腹式呼吸：吸气过程中，腹肌扩张，膈肌下降，腹部充盈气体，小腹逐渐鼓起；呼吸过程中，腹肌收紧，膈肌上升，呼出气体。顺腹式呼吸能提升肺的换气量。

逆腹式呼吸：吸气过程中，腹肌收紧，膈肌收缩下降，腹部容积减小；呼气过程中，腹肌放松，膈肌上升，腹腔容积变大。相比顺腹式呼吸，逆腹式呼吸更能影响内脏器官，改善内脏器官功能。

发音呼吸 |

发音呼吸，指在练习功法的过程中，将发音融入呼吸中的呼吸方法。在易筋经功法中，有不少发音呼吸，例如三盘落地势，下蹲时一边呼气，一边发"嗨"音，即为发音呼吸。

握固 一

二

拇指屈曲，抵于无名指指跟处，其余四指屈曲握在一起。

柳叶掌

手掌伸出，五指自然并拢，掌指指尖留有自然缝隙。

荷叶掌

手掌伸出，五指自然分开，手指伸直。

虎爪

正面

侧面

手掌伸出，虎口张开，五指撑圆，每个手指的第一、二指节屈曲内扣。

龙爪

正面

侧面

手掌伸出，五指伸直，中指稍稍竖起，拇指和小指从指根处水平屈曲内收，食指和无名指从指根处水平屈曲内收。

并步 |

双腿伸直，并拢，脚尖向前；双臂
自然垂于身体两侧；头部中正，目
视前方。

开步 |

双脚左右分开站立，双脚距离约同肩宽；双臂自然垂于身体两侧；头
部中正，目视前方。

弓步 |

双腿并立，一条腿向前跨出一大步，屈膝，膝盖前顶不超过脚尖，脚尖稍稍内扣；后腿伸直，全脚掌着地，脚尖向外打开。

马步 |

屈膝半蹲站立，双脚之间距离大于肩宽，膝盖前顶不超过脚尖，膝关节夹角大于90°。上身挺直，目视前方。

丁步 |

正面

侧面

双腿略略开立，屈膝下蹲，双脚距离约为脚长的1/2，其中一条腿提膝，脚跟抬起，脚尖点地，且脚尖同另一只脚的脚弓对齐。另一只脚全脚掌着地。

| 桩功练习 |

无极桩 |

并步站立，双腿并拢；双臂下垂，手
腕放松；双掌自然贴在身体两侧，双
肩放松，收下颌，目视前方；闭唇，
舌抵上腭。

推山桩 |

双脚开立，距离约同肩宽；双臂侧平举，掌心向下，双手沉腕，由中
指引领其余四指向上立掌，掌心向外，指尖向上，并向两侧推掌，力
在掌根；目视前方。

国术健身：易筋经

降龙桩 |

分为左式降龙桩和右式降龙桩。

左式降龙桩：双脚开立，距离约同肩宽。左脚向左前方迈一大步，脚尖朝向左前方，屈膝，膝关节夹角大于 90°，右腿伸直，右脚全脚掌着地；上身前俯，向左拧转；左臂内旋，向左下方按掌至髋部左侧，掌心斜向后，距髋部约 10 厘米，右臂内旋，向右上方推掌至头部右上方，掌心斜向上。

右式与左式动作相同，唯方向相反。

侧面

正面

| 意念练习 |

易筋经功法习练中，合理运用以下几种意念，有助于集中注意力，功法动作也会更加准确。

意念动作过程 |

意念动作过程即在功法动作练习的过程中，加入意念。将意念集中于动作是否准确，是否合乎练功要领。将意念与动作过程相结合，最终达到形神合一。

意念呼吸 |

意念呼吸即在呼吸中加入意念。将意念集中于对呼吸的调整，使呼吸与动作更好地配合。

意念身体部位 |

意念身体部位即在练功过程中，将意念集中于身体重点部位，使人快速排除杂念，提升动作的准确性。意念身体部位有助于充分发挥功法的作用。

存想法 |

存想法即在练功入静时，自己设想某种形象或景象，并将自身融入其中，使这种形象或景象对心理产生影响，进而对生理产生影响，从而起到积极调节身心的作用。

默念字句 |

默念字句即在练功过程中，内心默念动作的歌诀，以及每一式动作的名称，这样做有助于排除杂念，将注意力集中于练功，稳定心神。

功法练习

基本要求

一、身体中正站立，双臂垂于体侧，周身放松。

二、微收下颌，头颈正直，目视前方。

（一）

（二）

→

双腿并拢站立，双臂下垂，手腕放松，双掌自然贴在身体两侧，双肩放松，收下颌，目视前方；闭唇，舌抵上腭。

左脚向左迈一步，双脚距离约同肩宽。

功法提示

功理作用：调息静神，端正身形，消除杂念，帮助练功者进入练功状态。

呼　　吸：均匀呼吸。

易犯错误：闭眼，重心不稳，左脚迈步前未松膝。

第一式 韦驮献杵第一势

基本要求

一、手臂前平举时，由拇指引领，掌心相对。

二、双手在胸前合掌时，手掌向前倾斜。

三、合掌时，掌根在胸前正中位置，距离胸部约 10 厘米。

四、肩部放松，虚腋，即腋下微微留有空间，和上身不贴实。

一

接上式。保持双臂动作不变，肩部先上提，再后转，然后下沉。

 →

保持目视前方，两手拇指引领双臂向前平举，掌心相对。

肩部放松，两臂屈肘下降，在胸前合掌，两掌中空，手掌向前倾斜，掌根在胸前正中位置，距离胸部约10厘米距离。目视前下方。

功法提示	**功理作用：** 敛神静气，排除杂念，帮助练功者达到心平气和的状态。
	呼　吸： 步骤❶双肩上提、后转、下沉时自然呼吸；步骤❷两臂前平举时吸气；步骤❸两臂屈肘向胸前合掌时呼气。
	易犯错误： 身体僵硬，过于昂首挺胸，使呼吸不畅。双臂前平举时，间距过大或过小。双臂屈肘下降时，肩部耸起。胸前合掌时，双肘夹腋。

第二式 韦驮献杵第二势

基本要求	一、双臂在胸前屈肘抬起，约与肩等高，掌心向下，指尖相对。
	二、双臂从身前平举向两侧打开，变为侧平举。
	三、沉腕立掌时，中指带领其余四指沉腕，且手臂保持水平。
	四、沉腕立掌后，向两侧推掌时，力在掌根。
	五、目视前下方。

一  →  二

接上式。双臂保持屈肘，上抬，使小臂与地面平行，掌心向下，指尖相对。

双臂向前平举，掌心向下，目视前方。

双臂向两侧打开，变为侧平举，掌心向下，指尖向外。

双手沉腕，由中指引领其余四指向上立掌，掌心向外，并向两侧推掌，力在掌根。立掌后保持静立片刻（练功熟练后，可循序渐进增加静立时间），怒目圆睁。身体重心放在双脚的脚掌内侧。

功法提示

功理作用： 使气血畅通，呼吸顺畅，改善心肺功能。立掌可增强肩关节周围肌肉力量，矫正颈、背部不良身体姿势。

呼　吸： 步骤一双臂胸前屈肘时吸气；步骤二两臂前平举时呼气；步骤三立掌时吸气，推掌时呼气。

易犯错误： 双臂未向前平举就向两侧打开；平举时手臂不能保持水平。

第三式 韦驮献杵第三势

基本要求

一、双掌外翻后需要上托至贴耳垂，且肘部外展。

二、双掌向上推举至头顶上方的同时，需要做到以下几点：

　　重心移至双脚前脚掌，提踵；目视前下方，且下颌内收，

　　牙关咬紧；双肩放松，掌根部位向上撑起。

三、提踵的高度根据自身情况调整，以保持重心稳定为准。

一

二

接上式。腕部放松，双手手掌放平，
掌心向下。

双臂稍稍向下小幅屈肘。

（三）

双肘稍稍上挑，肩胛骨内收，双臂向两侧打开，然后水平向身前内收，指尖向前，掌心向下。

（四）

双臂水平屈肘，双手收向胸前，拇指距离胸前约10厘米，指尖相对，掌心向下。

五

双臂内旋，双手向外翻掌，掌心向前，保持双臂水平。目视前方。

六

双掌保持外翻，上移至双掌贴耳垂，掌心向上，虎口对耳垂，两肘约与肩平，双臂向两侧外展。

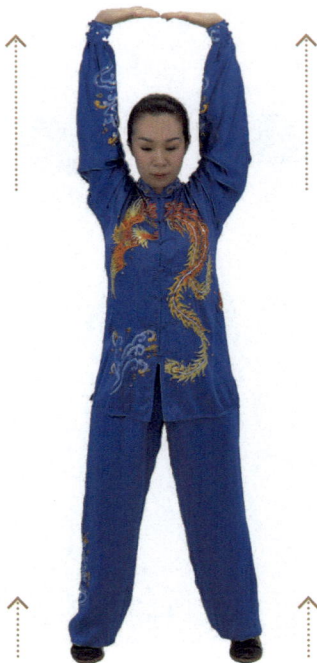

七

双掌指尖相对，从头部后方缓慢上举至头顶上方，掌心向上，双肩放松，肘部打开；双脚提踵。下颌微收，舌抵上腭，目视前下方。

<table>
<tr><td rowspan="3">功法提示</td><td>**功理作用：**</td><td>牵拉脊柱，纵向牵拉身体，放松身体、促进全身血液循环；锻炼肩颈部位的浅层、深层肌肉。</td></tr>
<tr><td>**呼　　吸：**</td><td>步骤七双臂上举时吸气，举至最顶点时，闭气片刻。其余步骤中保持自然呼吸。</td></tr>
<tr><td>**易犯错误：**</td><td>步骤三中挑肘时，肩胛骨没有内收；步骤七中双掌上举时，没有提踵，重心不稳。</td></tr>
</table>

第四式 摘星换斗势

基本要求

一、屈膝转体时，前摆的手要摆至对侧髋部外侧，后摆的手要摆向身后，手背贴体后腰部；目随前摆的手而动。

二、身体回正时，用腰部的力量带动双手摆动。

三、以肩为轴，带动手臂呈弧形摆动。

四、踝关节、膝关节保持稳定，使身体重心稳定。

五、步骤四中静立片刻，目视上举手的中心，也要关注后腰部中间位置。

（一）

接上式。双手握拳，并逐渐向两侧下落打开。

㊁

双臂与水平面的夹角约为 45° 时，变拳为掌，掌心斜向下。

㊂

上身左转，屈膝，屈髋，重心在双腿之间。右臂向左、向下移至左髋处"摘星"，左臂向后、向下移至体后腰部。目视左下方。

国术健身：易筋经

（四）

伸膝，伸髋，右掌向右、向上移至头部右上方"换斗"，微微屈肘，腕部放松，掌心对向头部，指尖与肩部上下对齐。目光跟随右掌移动，目视掌心。静立片刻。

（五）

身体回正，双臂侧平举，右手掌心向上，左手掌心向下，目视前方。

（六）

右手向下翻掌，随后上身微微右转，右臂后摆，左臂前摆。目视前方。

（七）

屈膝，屈髋，上身继续右转，左臂向右、向下移至右髋处，右臂向后、向下移至体后腰部。目视右下方。

（八）

伸膝，伸髋，左掌向左、向上移至头部左上方，微微屈肘，腕部放松，掌心对向头部。目光跟随左掌移动，目视掌心。

<table>
<tr><td rowspan="3" style="text-align:center">功法提示</td><td>功理作用：腹式呼吸可健壮腰腹，延缓衰老；头部、身体的俯仰和扭转，可提升颈椎、胸椎、腰椎的灵活性。</td></tr>
<tr><td>呼　吸：步骤三屈膝摆臂时呼气；步骤四起身摆臂时吸气；步骤四中静立时刻，采用自然呼吸。</td></tr>
<tr><td>易犯错误：步骤三"摘星"时，转髋，挪动双脚，重心不稳；步骤四"换斗"时，耸肩，腰部和手臂动作不和谐，注意用腰部带动手臂摆动；步骤三、步骤四中，贴后腰的手指尖容易上翘，注意将手横放，手背贴腰部；步骤四中，上摆手的指尖没有与肩部上下对齐。</td></tr>
</table>

第五式 倒拽九牛尾势

基本要求

一、握拳时，两手从小指到拇指，依次屈指握拳，拳心向上。

二、重心后移时，后腿屈膝。

三、转腰屈肘"拽牛尾"时，用腰部的力量带动肩部，再由肩部带动手臂屈肘外旋，腰、肩、臂的动作和谐连贯。

四、向后撤步时，保持重心稳定，步幅的大小可根据自身情况而定。

（一）

接上式。重心转移至左腿，向右转体约 45°，接着重心转移至右腿，左脚跟跷起。

（二）

左脚后撤，屈右膝，呈右弓步，同时左手下摆至身体左后方，掌心斜向上，右手向前、向上摆至右肩前上方，掌心向上。

（三）

两手从小指到拇指，依次屈指握拳，拳心向上。目视右拳。

（四）

左腿屈膝，右脚后蹬使右腿伸直，上身稍稍右转，同时两臂屈肘，右拳外旋并收至右肩前，如"拽牛尾"，大小臂夹角以 60° 为宜，左拳收至身后腰间。目视右拳。

（五）

上身左转，右膝前顶，左腿伸直，呈右弓步，重心前移，同时右臂向前自然伸直，右拳稍高于肩，左臂向后自然伸直。

（六）

重心转移至左腿，右脚跟点地，身体后撤。

（七）

右脚左转约 45°，踩实，身体跟随左转，左脚收向右脚，双拳变掌，双臂收回身体两侧。目视前下方。

（八）

右脚稍提起，然后右脚后撤，屈左膝，呈左弓步，同时右手后摆至身体右后方，掌心斜向上，左手向前、向上摆至左肩前上方，掌心向上。

（九）

两手从小指到拇指，依次屈指握拳，拳心向上。目视左拳。

国术健身：易筋经

十

右腿屈膝，左脚后蹬使左腿伸直，上身稍稍左转，同时两臂屈肘，左拳外旋并收至左肩前，右拳内旋并收至身后腰间。目视左拳。

十一

上身右转，左膝前顶，右腿伸直，呈左弓步，重心前移，同时左臂向前自然伸直，左拳稍高于肩，右臂向后自然伸直。

功法提示	
功理作用：	腰部的拧转带动肩部转动，刺激腰背部，提升脊柱的灵活性和柔韧性，促进体内血液循环，提升心肺功能。
呼　　吸：	步骤四、步骤十倒拽"牛尾"时呼气；步骤五、步骤十一重心前移、两臂伸展时吸气。
易犯错误：	步骤四、步骤十倒拽"牛尾"时过于用力导致动作僵硬，注意适度用力，动作舒缓；步骤四、步骤十屈肘时，腰部没有同时拧转，注意以腰部拧转带动肩部转动，再以肩部带动手臂屈肘；上身前俯或后仰，重心不稳；后侧手紧贴腰部，应注意后侧手不触碰腰部。

第六式 出爪亮翅势

基本要求

一、双肩后展扩胸要充分，同时肩部放松。

二、双掌向前推出时，五指自然分开，变为荷叶掌，力达指端；腰部放松，脚趾抓地。

三、双掌前推后收回时，变为柳叶掌，竖掌于胸前。

四、推掌配合呼气，收掌配合吸气，动作和谐统一。

一

二

接上式。右腿屈膝，重心稍稍后撤，同时双拳变掌，双臂向两侧平举。

左脚蹬地，重心转移至左脚，右脚向前收向左脚右侧，双脚距离约与肩同宽。双臂保持侧平举，目视前方。

（三）

双臂前平举，再屈肘收回胸前，指尖向上，掌心相对。

（四）

两肩后展扩胸，肩胛骨收缩，然后两掌向前推出，掌心向前，五指自然分开，变为荷叶掌，双脚脚趾抓地。瞪目，目视前方。

双腕放松，五指并拢，变为柳叶掌，掌心向下。双臂屈肘收回胸前，指尖向上，掌心相对。目视前方。

功法提示		
功理作用：	推掌与收掌反复牵拉胸部和肩胛部位，收缩与扩张胸腔，改善呼吸，促进血液循环，改善肩颈不适；分掌、合掌、瞪目可促进血液流通；脚趾抓地可刺激足底穴位。	
呼　　吸：	推掌时呼气，收掌时吸气。推掌、收掌转换时，用自然呼吸。	
易犯错误：	步骤四中展肩不充分，肩胛骨收缩不充分，耸肩，头向后仰；呼吸有憋气现象，可以自然呼吸为主，多练习推掌和收掌时的呼吸。	

第七式 九鬼拔马刀势

基本要求

一、双腿屈膝转体时，注意合胸，且身后手臂同时沿脊柱充分上推。

二、双腿伸膝，转体回正时，上方的手经过头顶向身体一侧平举，下方的手经过体侧向身体一侧平举。

三、转体充分，以舒展脊椎，但力度要适中。

四、屈膝下蹲时，重心保持在双脚之间。

五、头部扭转幅度的大小，应根据个人身体情况而定。

一

上身右转，双臂变为左上右下，掌心相对。

上身继续右转，左臂肘部上挑后向上展臂，右臂肘部后挑后向右下方展臂。

身体左转回正，两臂侧平举，目视前方。

四

上身继续左转，右臂向前、向上摆，左臂向后、向下摆。目视右手。

五

右臂继续向左、向上摆至头部左前方，然后屈肘，同时右手向后拂过左耳绕向头部后方。左臂经身体左侧下摆至身后腰间，屈肘，手背贴腰，掌心向后，指尖向右（图片角度未能展示）。目视左下方。

（六）

保持身体姿势不变，头部先回正，再向右、向上转，直至右耳接触右掌中指，同时两臂后展扩胸。目视右上方肘尖方向。保持静立片刻。

（七）

保持双臂姿势不动，屈膝，屈髋，上身向左、向下转。左手指尖向上，沿脊柱向背部上方推去。目视左后方，看向右脚脚跟的方向。

（八）

伸膝，伸髋，身体回正，恢复直立姿，双臂后展扩胸，左手向下回到身后腰间位置。目视前方。

（九）

右臂下摆，掌心向上，左臂上摆，掌心向上，变为侧平举姿势。

十

上身右转，右臂跟随向右、向下摆至身体右后方，左臂跟随向左、向上摆至头部左上方。

十一

左臂继续向右、向上摆至头部右前方，然后屈肘，同时左手向后拂过右耳绕向头部后方。右臂经身体右侧下摆至身后腰间，屈肘，手背贴腰，掌心向后，指尖向左（图片角度未能展示）。目视右下方。

国术健身：易筋经

（十二）

保持身体姿势不变，头部先回正，再向左、向上转，直至左耳接触左掌中指，同时两臂后展扩胸。目视左上方肘尖方向，保持静立片刻。

（十三）

保持双臂姿势不动，屈膝，屈髋，上身向右、向下转。右手指尖向上，沿脊柱向背部上方推去。目视右后方，看向左脚脚跟的方向。

伸膝，伸髋，身体回正，恢复直立姿，双臂后展扩胸，右手向下回到身后腰间位置。目视前方。

<table>
<tr><td rowspan="3">功
法
提
示</td><td>**功理作用：**</td><td>身体的屈曲和打开，刺激脊柱内脏，提升脊柱的灵活性，改善内脏功能。</td></tr>
<tr><td>**呼　　吸：**</td><td>步骤七、步骤十三屈膝下蹲转体时呼气；步骤八、步骤十四身体直立回正时吸气；步骤六、步骤十二静立时自然呼吸。</td></tr>
<tr><td>**易犯错误：**</td><td>屈膝下蹲时，上侧手肘向外打开，旋髋，膝内扣；步骤十四恢复直立姿时，先抬头，后起身。</td></tr>
</table>

第八式 三盘落地势

基本要求

一、屈膝下蹲时，肩部放松，双肘微屈，双掌下按至与髋同高，同时口吐"嗨"音。

二、屈膝下蹲时，双脚距离远大于肩宽，且脚尖向前。

三、上身始终保持挺直。

四、双掌的上下翻掌要自然流畅。

（一）

接上式。左臂下摆，掌心向上，右臂上摆，掌心由向下变为翻掌向上，两臂侧平举。

（二）

保持双臂侧平举，右脚向右跨出半步。

（三）

双掌翻掌，掌心向下。

（四）

屈膝屈髋下蹲，呈全蹲姿势，沉肩，双手掌心向下，下按至髋部高度，嘴巴轻轻长呼"嗨"音。接着双手翻掌，掌心向上。目视前方。

（五）

伸膝，伸髋，站起。

右脚向左迈半步，身体其他部位姿势不变。

<table>
<tr><td rowspan="3">功
法
提
示</td><td>**功理作用：**</td><td>口吐"嗨"音促进气体在胸腔和腹腔的运行，提升呼吸功能；
双腿多次宽距下蹲，可增强双腿力量，提升腰腹稳定性。</td></tr>
<tr><td>**呼　　吸：**</td><td>口吐"嗨"音时呼气，而后双掌上托起身时吸气。</td></tr>
<tr><td>**易犯错误：**</td><td>双腿屈膝下蹲时臀部后翘，上身前俯，重心不稳；口吐"嗨"
音不准确，应用喉部发声；起身时，未先转掌就伸膝。</td></tr>
</table>

　　　　　　　　　　国术健身：易筋经

下蹲动作可重复 3 次：在第 1 次重复时微蹲；在第 2 次重复时半蹲；在第 3 次重复时全蹲。第 61 页展示了全蹲动作，下面展示微蹲和半蹲动作。

微蹲 |

屈膝屈髋微微下蹲，沉肩，双手掌心向下，下按至髋部高度，嘴巴轻轻长呼"嗨"音。

双手翻掌，掌心向上。目视前方。

屈膝屈髋下蹲，呈半蹲姿势，沉肩，双手掌心向下，下按至髋部高度，嘴巴轻轻长呼"嗨"音。

双手翻掌，掌心向上。目视前方。

第九式 青龙探爪势

基本要求

一、一侧手变"龙爪"后，须经下颌向转体方向水平摆出，力达爪尖。

二、以腰部的力量带动上身扭转。

三、转身、俯身时，均应保持身体重心位于两脚之间。

四、俯身下按幅度的大小，应根据个人身体状况而定。

（一）

接上式。两手先屈曲拇指，然后依次屈曲其余四指握固，拳心向上。

双臂屈肘收于腰间，拳心向上。目视前方。

右手变拳为掌，右臂先向右下方伸直，再向右上方托举为侧平举，掌心向上。目视右手方向。

（四）

右手向右肩方向屈腕，屈肘，变掌为龙爪。

（五）

目视右手，右手经下颌水平摆向身体左前方，右臂随之打开，上身左转约 90°。目光跟随右手转动。

（六）

右手由龙爪变为掌，掌心向下，收向左肩前方。目视左下方。

（七）

向左、向下俯身，右手下按至左脚的左侧，约与脚踝同高，掌心向下，指尖向后。目视右手。

（八）

右手掌心向下，经身体前方，摆向右脚的右侧。上身跟随向右扭转。

（九）

右臂外旋，直至指尖向后，然后先屈曲拇指，再依次屈曲其余四指，握固。

（十）

上身抬起，右手收回腰间，拳心向上。目视前方。

（十一）

左手变拳为掌，掌心向前，左臂先向左下方伸直，再向左上方托举为侧平举，掌心向上。目视左手方向。

国术健身：易筋经

（十二）

左手向左肩方向屈腕，屈肘，变掌为龙爪。

（十三）

目视左手，左手经下颌水平摆向身体右前方，左臂随之打开，上身右转约 90°。目光跟随左手转动。

左手由龙爪变为掌，掌心向下，收向右肩前方。

向右、向下俯身，左手下按至右脚的右侧，约与脚踝同高，掌心向下，指尖向后。目视左手。

（十六）

左手掌心向下，经身体前方，摆向左脚的左侧。上身跟随向左扭转。

（十七）

左臂外旋，直至指尖向后，然后先屈曲拇指，再依次屈曲其余四指，握固。

上身抬起，左手收回腰间，拳心向上。目视前方。

功法提示	功理作用：两肋的交替开合，可调节内脏，梳理气血；腰部的扭转、侧屈，脊柱的牵拉，可强化腰部肌肉力量，提升脊柱灵活性，改善肩颈腰背肌功能。
	呼　　吸：上身前俯时呼气，上身抬起时吸气。
	易犯错误：龙爪手型易错；上身转动探爪时，手未沿水平线移动，上下起伏；上身前俯时，双腿屈膝，重心不稳；上身抬起时，仰头。

第十式 卧虎扑食势

基本要求

一、躯干俯仰之时，应使脊柱呈波浪形逐节匀速屈伸，身体重心随之移动，并带动双臂呈饶焕式前扑和回收。

二、双手前扑时，沉肩坠肘，力达指尖。

三、前扑后下按时，十指着地，挺胸，塌腰，抬头，瞪目。

四、动作幅度的大小，可根据身体情况而定。

（一）

接上式。以右脚为轴，向左转体 90°。左脚收向右脚，脚尖点地，屈膝，变为丁字步。

两拳经胸前上举至额头前方。

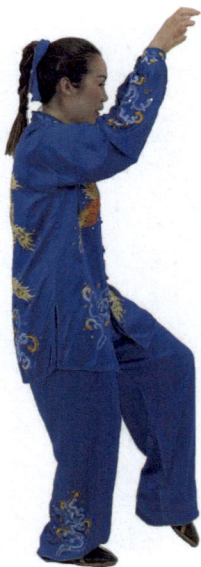

双臂一边内旋，一边上举，变拳为爪。左腿提膝，脚尖点地。目视前下方。

（四）

左脚前迈，屈膝，变为左弓步，脊柱伸展，双手做向前、向下扑的动作，直至双臂水平，掌心向前。目视前方。

（五）

脊椎先逐节屈曲，再逐节伸展，重心随之适度移动，两手随脊椎屈伸向下、向后、向上、向前绕环一周。

上身前倾，双手抓地。

右腿屈膝贴向地面，脚趾着地，头部上仰抬起，做瞪目动作。稍稍停顿。

八

收下颌，双脚蹬地站起，双手逐渐握固。

（九）

双手收至腰间，握固，以左脚为轴，向右转体约180°，右脚收向左脚，脚尖点地，呈丁字步。目视前方。

（十）

两拳经胸前上举至额头前方。

（十一）

双臂一边内旋，一边上举，变拳为爪。右腿提膝，脚尖点地。目视前下方。

（十二）

右脚前迈，屈膝，变为右弓步，脊椎伸展，双手做向前、向下扑的动作，直至双臂水平，掌心向前。目视前方。

十三

脊椎先逐节屈曲，再逐节伸展，重心随之适度移动，两手随脊椎屈伸向下、向后、向上、向前绕环一周。

十四

上身前倾，双手抓地。

左腿屈膝贴向地面，脚趾着地，头部上仰抬起，做瞪目动作。稍稍停顿。

收下颌，双脚蹬地站起。

功法提示	**功理作用：** 使身体充分伸展放松；脊柱大范围逐节蠕动，提升其灵活性，增加腰部肌肉力量。
	呼　吸： 步骤四、步骤十二前扑时呼气，步骤七、步骤十五抬头时呼气，脊柱反弓完成时，暂停呼吸。
	易犯错误： 虎爪动作不准确，应立腕，手指内扣；向前、向下扑时，未逐节伸展脊柱，动作僵硬；步骤七、步骤十五双爪探地时，有耸肩、含胸、腰部后凸、头部晃动等现象。

第十一式 打躬势

基本要求

一、 上身前俯下压时，先收下颌，从颈椎至尾椎逐节屈曲，上身抬起时，先抬头，从尾椎至颈椎，逐节伸展。

二、 上身前俯下压时，双腿始终保持伸直状态。

三、 做"鸣天鼓"动作时，保持双掌掩耳，手指叩打后脑勺时，力度要轻。

四、 上身前屈幅度的大小，应根据个人身体状况而定。

一

接上式。以右脚跟为轴，向左转体，使身体回正，保持双膝微屈。然后左脚跟提起，脚尖点地，向右脚迈半步，双脚踩实，双臂向两侧举起。目视前方。

双腿伸直，双臂侧平举，掌心斜向上。目视前方。

双臂向上屈肘，双掌掩耳并贴向头部后方。食指弹拨中指叩打后脑，或3次，或7次"鸣天鼓"。

四

五

保持双手姿势，上身前俯，从颈椎到胸椎、腰椎、骶椎逐节前屈。稍稍停顿。

上身逐渐抬起。

功法提示	
功理作用：	从颈椎到骶椎逐节蠕动，提升脊柱灵活性，使身体舒展放松，促进血液循环；上身前俯，可促进脑部血液循环。
呼　吸：	步骤三"鸣天鼓"动作中，自然呼吸；上身前屈时呼气，前屈后停顿时自然呼吸；上身抬起时吸气。
易犯错误：	双掌掩耳时，手掌没有捂住耳朵，食指未轻叩头部后侧；上身前俯和抬起时，双腿屈膝，动作过快，要保持双腿伸直，匀速进行；上身前俯和抬起时，脊柱没有逐节屈曲和伸展；上身抬起时，先抬头。

上身前俯动作可重复 3 次：第 1 次重复时，上身前俯小于 90°；第 2 次重复时，上身前俯约 90°；第 3 次重复时，上身前俯大于 90°。第 85 页展示了上身前俯大于 90° 的动作，下面展示上身前俯小于 90° 和约 90° 的动作。

上身前俯小于 90° 动作 |

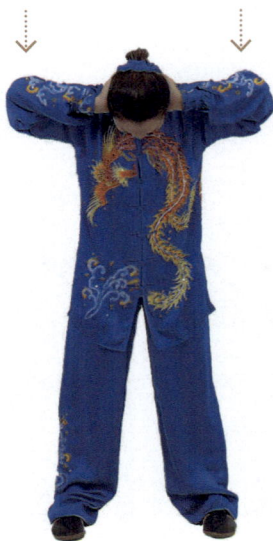

保持双手姿势，上身前俯，从颈椎到胸椎逐节前屈。目视脚尖。稍稍停顿。

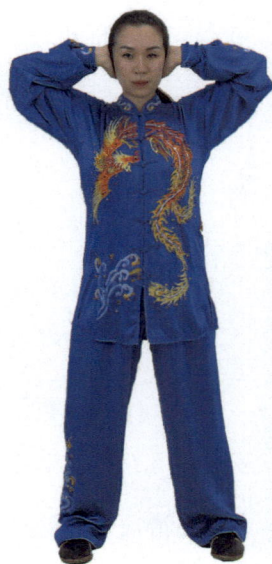

上身逐渐抬起。

上身前俯约 90° 动作 |

保持双手姿势，再次上身前俯，从颈椎到胸椎、腰椎逐节前屈。稍稍停顿。

上身逐渐抬起。

第十二式 掉尾势

基本要求

一、双手拔耳时，先稍稍挤压双耳，再快速拔耳。

二、上身前俯后，转头时，臀部跟随头部一起向相同的方向摆动。

三、肢体转动时，慢速柔和进行，但要保证动作力度，刚柔相济。

四、上身前俯幅度大小，应根据个人身体状况而定。

（一）

接上式。双掌快速向下做拔耳动作，掌心向前。目视前方。

（二）

沉肩，双臂屈肘下放，双掌位于肩前。

三

上臂向前水平推出，掌心向前。

目视前方，其他身体姿势不变。

四

双手手指相交，掌心向内。

五

双臂屈肘，双掌收向胸前。

六

双手向外翻掌，掌心向前。

七

双掌水平前推，直至手臂伸直。

八

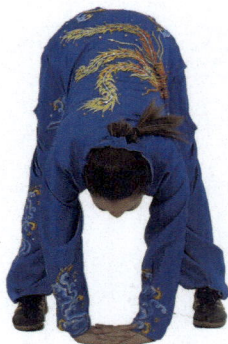

双掌再次收回胸前，掌心下翻，
然后双掌下按至触地，上身前屈。

九

腰部下沉，头部上抬，目视前方。

十

保持身体稳定，向左后方转头，看
向左后方，同时臀部摆向左前方。

头部、臀部回正，抬头看向前方。

保持身体稳定，向右后方转头，看向右后方，同时臀部摆向右前方。

头部、臀部回正，抬头看向前方。

上身缓慢抬起，双臂向两侧分开，掌心向前。

伸膝，伸髋，两臂侧平举。目视前方。

<table>
<tr><td rowspan="3">功法提示</td><td>**功理作用：**</td><td>上身前俯、臀部摆动、头部转动的动作，能提升身体协调性；提升脊柱灵活性，下肢稳定性得到锻炼，腰背部肌肉力量得到强化。</td></tr>
<tr><td>**呼　　吸：**</td><td>站立，双掌前推时呼气，双掌向身体方向收回时吸气；上身前俯向下按掌时呼气；臀部摆动时呼气；头部转头后回正时吸气。</td></tr>
<tr><td>**易犯错误：**</td><td>转头和摆臀时，身体重心不稳，双手和肩部跟随摆动，双腿屈膝，这一过程应始终保持重心稳定，双手不动，双腿伸直；在步骤九中，拱背。</td></tr>
</table>

收势

基本要求	一、保持身体放松。
	二、双臂摆动缓慢柔和。

（一）

接上式。双臂经身体两侧继续向上抬起，直至双手位于头顶上方，掌心对向头顶位置。

（二）

双臂屈肘，双掌下按至胸前，转动掌心向内。

（三）

双掌下按至腹前，最后收至身体两侧，掌心贴向体侧。目视前方。

左脚收向右脚，双腿并拢。健身气功易筋经演示完毕。

功法提示

功理作用： 从练功状态转变为常态，使身体得到舒展，气血畅通。

呼　　吸： 双手上抬时吸气，双手下按时呼气。

易犯错误： 双手上抬时，耸肩、抬头，应保持肩部放松，收下颌；双掌下按时，屈膝，应保持双腿自然伸直；双掌下按时，未在胸前转掌向内；呼吸急促，草率收功。

双掌下按动作可重复3次：第1次和第2次重复时，双掌始终向下；第3次重复时，双掌下按至胸前时，转动掌心向内。第94页展示了双掌下按至胸前时转动掌心向内的动作，下面展示双掌始终向下的动作。

双掌始终向下动作 |

双臂屈肘，双掌下按至胸前，掌心向下。

双掌下按至腹前时，向两侧分开。